BEI GRIN MACHT SICH IHR WISSEN BEZAHLT

- Wir veröffentlichen Ihre Hausarbeit, Bachelor- und Masterarbeit

- Ihr eigenes eBook und Buch - weltweit in allen wichtigen Shops

- Verdienen Sie an jedem Verkauf

Jetzt bei www.GRIN.com hochladen und kostenlos publizieren

Bibliografische Information der Deutschen Nationalbibliothek:

Die Deutsche Bibliothek verzeichnet diese Publikation in der Deutschen National-
bibliografie; detaillierte bibliografische Daten sind im Internet über http://dnb.d-
nb.de/ abrufbar.

Impressum:

Copyright © 2016 GRIN Verlag, Open Publishing GmbH
Druck und Bindung: Books on Demand GmbH, Norderstedt Germany
ISBN: 9783668386600

Dieses Buch bei GRIN:

http://www.grin.com/de/e-book/351948/von-hdd-zu-ssd-speichertechnologien-im-
wandel-der-zeit

Niklas Wagner

Von HDD zu SSD. Speichertechnologien im Wandel der Zeit

GRIN Verlag

„Von HDD zu SSD – Speichertechnologien im Wandel der Zeit"

Niklas Wagner

Schriftliche Ausarbeitung angefertigt im Rahmen des Modulteilbereiches „Einführung in die Wirtschaftsinformatik"

Berufsakademie Rhein-Main

Juli 2016

Inhaltsverzeichnis

Inhaltsverzeichnis I

Abbildungsverzeichnis II

Tabellenverzeichnis III

Abkürzungsverzeichnis IV

1.   Einleitung 1

2.   Hard Disk Drives 2

2.1   Historie und Entwicklung 2

2.2   Aufbau und Funktionsweise 6

3.   Solid State Drives 8

3.1   Historie und Entwicklung 8

3.2   Aufbau und Funktionsweise 11

4.   Vergleich HDD vs. SSD 13

4.1   Geschwindigkeitsvergleich 14

4.2   Bootvorgang 15

4.3   Programmstarts (Google Chrome & Adobe Photoshop) 16

5.   Fazit 17

Anhang V

Literaturverzeichnis VI

Abbildungsverzeichnis

Abbildung 1: Foto einer geöffneten Festplatte (chip.de)
Abbildung 2: IBM 305 RAMAC (ibm.com)
Abbildung 3: physikalischer Aufbau Festplatte: Plattenstapel (winfwiki.wi-fom.de)
Abbildung 4: Schreib-Leseköpfe zwischen Platten (tu-chemnitz.de)
Abbildung 5: SSD Festplatten ohne Gehäuse (ssd-festplatte-test.net)
Abbildung 6: Logischer Aufbau SSD (Schefer, 2011)
Abbildung 7: HDD SSD Vergleich Geschwindigkeit (AS SSD Benchmark)
Abbildung 8: Vergleich SSD/HDD Bootvorgang Windows 7
Abbildung 9: Programmstart Photoshop/Google Chrome: HDD vs. SSD

Tabellenverzeichnis

Tabelle 1: Übersicht Entwicklung Preis und Kapazität HDD
Tabelle 2: Testsystem (einzelne Komponenten)

Abkürzungsverzeichnis

HDD	Hard Disk Drive
SSD	Solid State Drive
o.g.	oben genannte/n
rpm	rotations per minute
WL	Wear-Leveling

1. Einleitung

Das Themengebiet der heute bekannten Speichertechnologien ist komplex und vielseitig. Es gibt mehrere Möglichkeiten Daten zu speichern. Die gängigsten als Massenspeicher verwendeten Technologien sind die HDD (Hard Disk Drive) und die SSD (Solid State Drive). Im Verlauf dieser Seminararbeit werden zunächst die o.g. Speichermedien vorgestellt. Dabei wird speziell auf die Faktoren „Definition", „Historie & Entwicklung" sowie „Aufbau & Funktionsweise" eingegangen. Anschließend werden die vorgestellten Datenträger miteinander verglichen. Der Fokus wird dabei auf verschiedenen Faktoren wie beispielsweise Preis, Datendurchsatz und Geschwindigkeit liegen. Ziel dieser Arbeit ist es, dem Leser einen Überblick über Entwicklung und das Funktionsprinzip der o.g. Speichermedien zu verschaffen und ihm einen objektiven Überblick über die Vor- bzw. Nachteile zu verschaffen. Die Arbeit beschäftigt sich mit der Hypothese, ob die SSD die HDD im privaten Anwendungsbereich zukünftig vollständig ersetzen kann bzw. wird.

2. Hard Disk Drives

Der Begriff „Hard Disk Drive" kommt aus dem Englischen und bedeutet so viel wie „Festplattenlaufwerk". Die HDD ist ein Datenspeichermedium zum Speichern und Abrufen digitaler Informationen unter Verwendung einer oder mehreren starren, schnell rotierenden Scheiben bzw. Platten, welche mit einem magnetischen Stoff beschichtet sind. Beim Schreibvorgang wird diese magnetische Oberfläche der Platten, entsprechend der zu erfassenden Informationen durch einen Schreib- bzw. Lesekopf magnetisiert, ohne diesen zu berühren. Ebenfalls sind HDDs Teil der „nicht-flüchtigen" Speichermedien, was bedeutet, dass die Daten auch beim Ausschalten nicht verloren gehen.[1]

Abbildung 1: Foto einer geöffneten Festplatte (chip.de)

2.1 Historie und Entwicklung

Im Jahr 1953 erkannte die Firma IBM die sofortige Anwendung für das, was sie eine „Random Access File" mit hoher Kapazität und schnellem Datendirektzugriff unter Berücksichtigung eines relativ niedrigen Kostenfaktors bezeichnet.[2] Nach intensiver Prüfung diverser Technologien zur Datenspeicherung, wie Drahtmatrizen, Stabanordnungen oder Trommel-Arrays entwickelten die Ingenieure von IBM San Jose in Kalifornien die

---

[1] Vgl. (Arpaci-Dusseau, 2014), (Bernd Becker, 2005)

[2] Vgl. (A.J. Critchlow, 1953)

Festplatte.[3] Durch diese wurde ein völlig neues Level in der Hierarchie der Speichermedien erreicht. Die damals als „Random Access File" bezeichnete neuartige Speicherform ist heutzutage als Sekundärspeicher bekannt, weniger teuer und langsamer als der Hauptspeicher (RAM).[4]

Die kommerzielle Nutzung von Festplattenlaufwerken begann im Jahr 1956, als das IBM 305 RAMAC Systems mit dem IBM Modell 350 Plattenspeicher (5 MB, 24 Zoll, 600ms Zugriffszeit, 1200 min−1, 500kg, 10 kW) als Sekundärspeicher erschienen ist. Am 24. März 1970 wurde William Goaddard und John Lynott das Patent für den IBM RAMAC als das fundamentale Patent für Plattenspeicher verliehen (Direct Access Magnetic Storage Disk Device). Bei der IBM 350 handelt es sich um 50 magnetisierte Aluminiumplatten, wobei eine Platte jeweils einen Durchmesser von 61 cm besitzt.[5] Auf dem Bild sieht man ein IBM 305 RAMAC System mit dem IBM Modell 350 Plattenspeicher im Inneren.

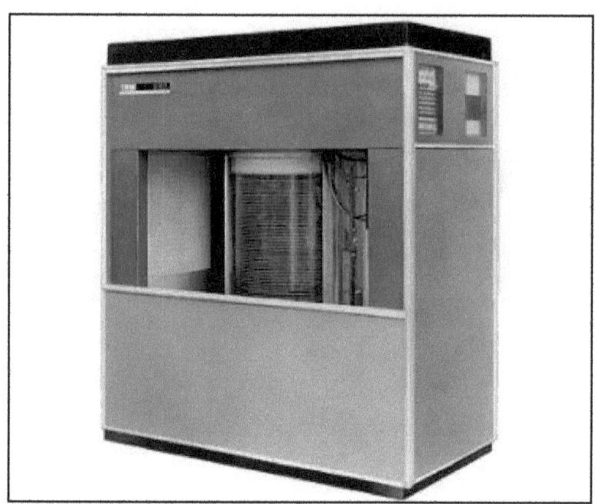

Abbildung 2: IBM 305 RAMAC (ibm.com)

---

[3] Vgl. (William A Goddard, John J Lynott, 1970)

[4] Vgl. (IBM 350 Ramac Disk File, ASME Award, 1984)

[5] Vgl. (Frederico Tiziani, 2011)

1973 führte IBM die sogenannten Winchester-Laufwerke ein, welche den Vorgänger der aktuellen Festplatte symbolisieren und bis heute die Basis beim Bau von Festplatten bilden. Die Bezeichnung „Winchester" wurde später ebenfalls von anderen Festplattenherstellern verwendet, welche im Laufe der Zeit immer kompaktere Festplatten entwickelten. Seagate vertrieb 1980 mit der ST506 die erste 5,25-Zoll-Festplatte mit 6,4 MB. Aus der Weiterentwicklung entstand später der von fast allen Festplattenherstellern akzeptierte Schnittstellenstandard ST506/412 mit einer Datentransferrate von 5 Mbit/s.[6]

„640 Kilobyte ought to be enough for anybody."
Bill Gates, 1981

Dieses Zitat von Bill Gates (dt. „Mehr als 640 Kilobyte Speicher werden sie niemals benötigen") beweist, dass sich ebenfalls große Informatiker täuschen und keine pauschale Aussage über die Zukunft der Technik treffen können, da deren Entwicklung nicht vorhergesagt werden kann. Der folgende Text widerlegt das Zitat von Gates.

Heute besitzen handelsübliche Festplatten einen Durchmesser von 3,5 Zoll. Diese werden aber hauptsächlich im Desktop-Bereich verwendet. Im mobilen Bereich werden 2,5 Zoll Platten verbaut. Dabei besitzen diese heute bis zu zehn Terabyte Speicher und einen integrierten Festplattencontroller mit SATA oder USB Schnittstelle.[7]

Jede Generation dieser Technologie ersetzte die vorherige Generation der Plattenlaufwerke um größere, empfindlichere und komplexere Geräte. Die ersten Laufwerke waren ausschließlich in der geschützten Umgebung eines Rechenzentrums verwendbar. Spätere Generationen erreichten Fabriken und Büros, bis die Festplatte schließlich Teil des Alltags wurde.

Die Kapazität ist mit der Zeit nahezu exponentiell angestiegen. Als die Festplatte Mitte der 1980er Jahre für PCs im privaten Anwendungsbereich verfügbar wurde, bot sie etwa fünf Megabyte Speicher und wurde bis Mitte der 1990er Jahre soweit weiterentwickelt, dass die

---

[6] Vgl. (Wolfram Schiffmann, 2011)
[7] Vgl. (Wolfram Schiffmann, 2011)

typische Speicherkapazität einer Festplatte nun einen Gigabyte betrug.[8] Eine durchschnittliche Festplatte hat je nach Durchmesser mittlerweile eine Speicherkapazität von 500 bis 4000 Gigabyte, während die aktuell größte Datenmenge einer Festplatte im kommerziellen Bereich bei acht Terabyte liegt.

Jahr	2,5"	3,5"	5,25"	andere	Etwaiger Preis pro GB in €
1956				5 MB	1,1 Mio. / p.a.
1962				25 MB	1,1 Mio.
1983			19 MB		34.000
1988		30 MB	360 MB		22.000
1992	120 MB	426 MB	2 GB		2.000
1997	4,8 GB	16,8 GB	12 GB		100
2005	120 GB	500 GB			0,40
2014	2 TB	6 TB			0,04
2015	4 TB	10 TB			0,03

Tabelle 1: Übersicht Entwicklung Preis und Kapazität HDD [9]

Die Tabelle zeigt die etwa exponentiell verlaufende Entwicklung der HDD unter Berücksichtigung des Faktors der Größe hinsichtlich der Kapazität und des Preises. Anhand der Tabelle ist zu erkennen, dass die gängigen Festplatten in ihrer Größe immer kleiner werden, dafür aber in ihrer Kapazität wachsen. Der Preis pro GB hat sich im Laufe der Zeit sehr stark verringert und ist heute etwa 3,5 Millionen Mal niedriger als vor knapp 60 Jahren. Im Anhang befinden sich zwei Grafiken, welche die Entwicklung der letzten Jahre darstellen.

---

[8] Vgl. (Disk Trend Report, 1996)
[9] Vgl. (Lutz Labs, heise.de, 2015/ Paulsen, 2011/ Belady, 1981)

Hier kann man erkennen wie enorm sich die Festplatte weiterentwickelt hat. Zwischen 1956 und 1990 erreichte man jährliche Steigerungsraten der Kapazität von circa 25%. Ab 1990 vergrößerte sich diese Steigerungsrate auf etwa 60%, bis sie im Jahr 2000 eine Rate von 150% erreichte.[10]

2.2 Aufbau und Funktionsweise

Die Festplatte wie wir sie heute kennen enthält einen Plattenstapel mit mehreren magnetisierbar beschichteten Aluminium- oder Glasscheiben. Diese rotieren mit einer Rotationsgeschwindigkeit zwischen 4800rpm und 15000rpm. Im Desktopbereich werden typischerweise Platten mit 5400rpm bzw. 7200rpm verwendet. Umso höher die Rotationsgeschwindigkeit ist, desto geringer ist die Zugriffszeit auf Daten und desto höher ist die Datentransferrate. Aus diesem Grund werden im Bereich der Servertechnologie Festplatten mit über 10000rpm verwendet.[11]

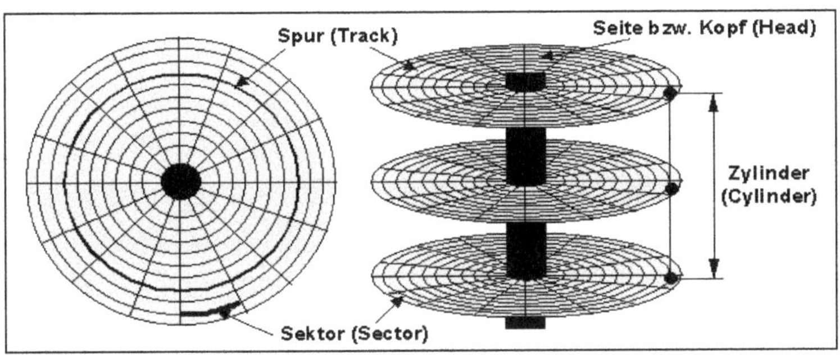

Abbildung 3: physikalischer Aufbau Festplatte: Plattenstapel (winfwiki.wi-fom.de)

Wie in der allgemeinen Beschreibung zur HDD schon erläutert, besteht sie aus mehreren übereinander liegenden magnetischen Platten, welche von einem luftdicht verschlossenen Gehäuse umgeben sind. In Abbildung 3 sieht man den physikalischen Aufbau einer Festplatte. Es sind einzelne Scheiben bzw. Platten zu erkennen, welche über eine Achse übereinander

---

[10] Vgl. (Wolfram Schiffmann, 2011)
[11] Vgl. (Wolfram Schiffmann, 2011)

montiert sind, die sogenannte Spindel. Auf den einzelnen Platten befinden sich mehrere Spuren (Tracks) sowie Sektoren.[12]

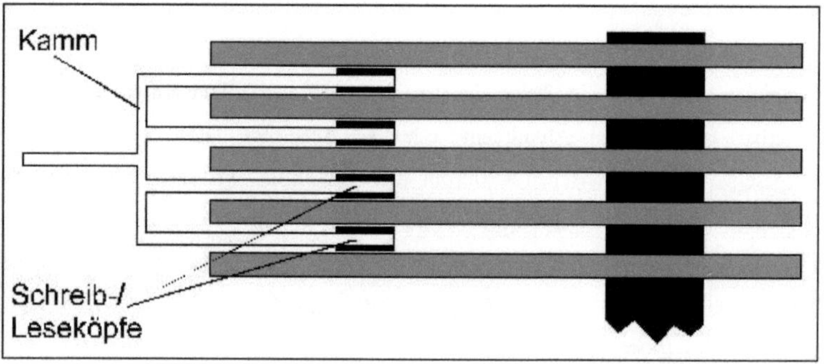

Abbildung 4: Schreib-Leseköpfe zwischen Platten (tu-chemnitz.de)

Der Kamm (Abb. 4) verbindet die beweglichen Schreib- und Leseköpfe miteinander, welche seitlich in den rotierenden Plattenstapel eingreifen und so konzentrische Kreise von Magnetisierungsmustern erzeugen oder abtasten können. Als Zylinder wird die Gesamtheit aller konzentrisch übereinanderliegenden Spuren auf den Magnetscheiben bezeichnet.[13]

Umso weiter man auf einer Platte von innen nach außen geht, umso mehr Daten passen auf einen Track. In der Regel werden die Platten von außen nach innen beschrieben, da durch die höhere Lineargeschwindigkeit außen höhere Übertragungsraten erreicht werden können.[14]

---

[12] Vgl. (Prof. Dr. Volker Claus, 2003)

[13] Vgl. (Bernd Becker, 2005)

[14] Vgl. (Wolfram Schiffmann, 2011)

3. Solid State Drives

Die SSD (oder Halbleiterlaufwerk), was allgemein als die Abkürzung für Solid State Drives bekannt ist, ist wörtlich übersetzt ein „Festzustand-Laufwerk" und grundlegend ebenso wie ihr Vorgänger, die HDD, ein als Massenspeicher genutztes Speichermedium. Was die SSD aber von der HDD grundsätzlich unterscheidet, ist die Tatsache, dass eine SSD mit sogenannten Flashspeichern arbeitet, und somit im Gegensatz zur HDD komplett ohne bewegliche bzw. mechanische Teile auskommt. Daher stammt der Name „Solid State Drive". Die SSD lässt sich somit als eine Art Emulator der vorangegangenen Festplatte beschreiben. In der Regel wird eine SSD über einen SATA Schnittstelle angeschlossen, eine weitere gängige Peripherie ist der PCIe-Anschluss.[15]

Abbildung 5: SSD Festplatten ohne Gehäuse (ssd-festplatte-test.net)

3.1 Historie und Entwicklung

Der Ursprung der SSDs liegt in den 1950er Jahren mit zwei relativ ähnlichen Speichertechnologien, dem Charged Capacitor Read-Only Storage und dem Magnetkernspeicher.[16]

---

[15] Vgl. (Rino Micheloni, 2013)
[16] Vgl. (Thomas M. Rent, 2010)

Der eigentliche Entwicklungsprozess der SSD begann in den 1970er Jahren, wo das Interesse an Flash-Speichern hauptsächlich von Seiten des Militärs und diversen Forschungslaboren ausging. Grund dafür war der hohe Preis pro GB Flashspeicher, welcher bei etwa 1 Million US-$ lag.[17] Aufgrund des enormen Preises wurden zu dieser Zeit Halbleiterspeicher bis Anfang der 1980er ausschließlich in damaligen Supercomputern verbaut.[18]

In den späten 70ern brachte dann „General Instruments" als erste Firma ein flashähnliches Speichermedium auf den Markt, welches der heute verwendeten NAND-Flash Technologie relativ ähnlich war. Mit einer Zugriffszeit von 2 µ-Sekunden waren diese flashähnlichen Speichtechnologien nur etwa viermal langsamer als die heute teilweise immer noch verwendeten MOS-Speicher. Zusätzlich entwickelte die Firma StorageTek im Jahre 1978 einen RAM-basierten SSD-Speicher. Die Lebensdauer dieser Technologie reduzierte sich allerdings auf unter 10 Jahre, weshalb viele Firmen auf weitere Teilnahme am Markt der SSDs verzichteten.[19]

Anfang der 1980er etablierten sich die ersten Speicherkarten mit der Flashspeichertechnologie dennoch auf dem Markt. 1985 wurden dann die ersten SSDs als Festplattenersatz in IBM PCs verbaut.

Der Einzug in die Servertechnologie in den späten 80er Jahren ermöglichte zwanzigmal schnellere Zugriffszeiten gegenüber herkömmlichen magnetischen Festplatten. 1991 wurde von der Firma Sandisk ein 20MB großes Solid State Drive vorgestellt, welches für 1.000 US-Dollar verkauft wurde. [20] 1995 entwickelte die Firma M-Systems die erste auf Flash-Speicher basierende SSD, welche hauptsächlich Anwendung in Bereichen des Militärs und der Industrie fand.[21] Im Laufe der 1990er Jahren stiegen immer mehr Firmen in das SSD-Geschäft ein, was die Entwicklung des Marktes vor allem im Interesse des Endverbrauchers stetig vorantrieb. Dieses erstmalige Interesse an einem Einstieg in den SSD-Markt trieb ebenfalls eine Preisentwicklung an. So kostete eine SSD mit einer Speicherkapazität von 14GB um die Jahrtausendwende „nur noch" circa 42000 US-Dollar.

---

[17] Vgl. (Sven Schefer, 2011)
[18] Vgl. (IBM User's Guide, Thriteenth Edition, 1960)
[19] Vgl. (Rino Micheloni, 2013), (Sven Schefer, 2011)
[20] Vgl. (Odagiri,Hiroyuki, 2010)
[21] Vgl. (Rino Micheloni, 2013)

Im Jahr 2006 wird in der Ausgabe vom Januar der Zeitschrift „IEEE Spectrum" folgendes Zitat von Harry Goldstein veröffentlicht:

„Loser: Too Little, Too Soon."
Harry Goldstein, 2006

Mitte der 2000er wurden SSDs dann erstmalig serienmäßig in Notebooks verbaut. 2007 hatte der SSD-Markt eine gewisse Marktreife erreicht, weshalb das Jahr 2007 auch als das „SSD-Jahr" bekannt ist. [22] 2009 wurde auf der Cebit eine SSD von OCZ Technology vorgestellt, die bei einer Größe von einem Terabyte (PCIe-Anschluss) eine maximale Lesegeschwindigkeit von 712 MB/s und eine Schreibgeschwindigkeit von 654 MB/s aufzeigte. [23]

Aktuelle Solid State Drives mit der PCIe Schnittstelle besitzen bis zu 4 Terabyte Speicherkapazität und erreichen Schreibgeschwindigkeiten von bis zu 3000 MB/s und Lesegeschwindigkeiten von bis zu 5000 MB/s. Solid State Drives mit einem SATA-Anschluss haben eine Größe von bis zu 2 TB. Hier weisen die SSDs Schreibgeschwindigkeiten von etwa 500 MB/s auf und Lesegeschwindigkeiten von etwa 550 MB/s. [24]

Die weitere Entwicklung ab 2006 hat gezeigt, dass wie auch schon bei der HDD festgestellt, keine pauschalen Aussagen über die Technik und deren Entwicklung vorgenommen werden können, hier speziell: Entwicklung der Speichertechnologien. Erneut hat sich ein Wissenschaftler der Informatik mit seiner Aussage zu einer dieser Technologien getäuscht.

---

[22] Vgl. (Sven Schefer, 2011)
[23] Vgl. (Steve Seguin, 2009)
[24] Vgl. (Alternate.de, 2016)

3.2 Aufbau und Funktionsweise

Die SSD besteht aus drei wesentlichen Komponenten:

- Speichereinheit (Flash-Speicher)

- Interface (Verbindung zur Hardware)

- Controller (Datenverwaltung)

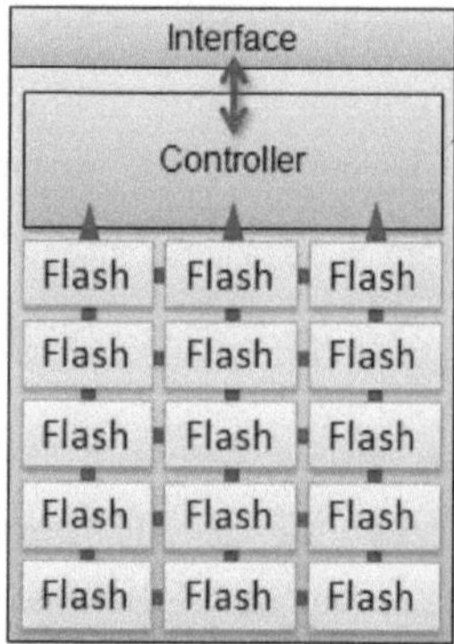

Abbildung 6: Logischer Aufbau SSD (Schefer, 2011)

Die Speichereinheit der SSD besteht aus mehreren Speicherbausteinen, welche üblicherweise Flashspeicher sind. In dieser Einheit enthält jede Speicherzelle einen eigenen Counter, der die Schreibzyklen zählt. Beim Löschvorgang, welcher immer vor dem Schreibvorgang stattfinden muss, wird der Counter inkrementiert. Nach jedem Löschvorgang verringert sich jedoch die Lebensdauer der SSD, weshalb eine Defragmentierung nicht von Vorteil ist. Da jede Zelle nur eine gewisse Anzahl von Schreibzyklen vertragen kann ist die Funktion der Counter sehr wichtig.

Über das Interface der SSD findet die Kommunikation mit der restlichen Hardware statt. [25]

Der Controller hat die Aufgabe Informationen zu organisieren und zu verwalten. Eine zusätzliche wichtige Aufgabe des Controllers ist das „Wear Leveling", welches der

Überwachung der Abnutzung der SSD dient. Es gibt zwei Arten von WL: dynamisch und statisch. Das dynamische WL hat keinerlei Einfluss auf die Schreibgeschwindigkeit und erhöht die Lebensdauer um den Faktor 25. Beim dynamischen Wear Leveling vergleicht der Controller alle leeren Counter vor dem Schreiben neuer Daten und speichert diese in den Speicherzellen mit den niedrigsten Countern.[26]

Beim statischen WL ist der Controller im Gegensatz zum dynamischen WL deutlich mehr belastet, was sich an einer Senkung der Schreibgeschwindigkeit und an einem höheren Energieverbrauch bemerkbar macht. Bei diesem Verfahren vergleicht der Controller vor dem Schreiben alle Counter und schreibt die neuen Daten ebenfalls in die Zellen mit dem niedrigsten Counter. Zusätzlich werden Daten, welche oft benutzt aber nicht geändert werden, in eine Zelle mit hohem Counter verschoben. Auf diese Weise wird verhindert, dass langfristig gespeicherte Daten Zellen mit einem niedrigen Counter blockieren. Dies ermöglicht eine gleichmäßige Abnutzung der Speicherzellen und erhöht die Lebensdauer um den Faktor 100.[27]

---

[25] Vgl. (Schefer, 2011)
[26] Vgl. (Kersken,2007)
[27] Vgl. (Kersken,2007)

4. Vergleich HDD vs. SSD

Chronologisch bzw. historisch gesehen lässt sich sowohl der HDD als auch der SSD ein andauernder Entwicklungsprozess nachweisen. Beide Technologien erfahren Jahr für Jahr eine stetige Weiterentwicklung, welche gänzlich durch die Decke schießt als die Speichermedien zunehmend im Privatanwenderbereich Fuß fassen.

Im Folgenden werden HDD und SSD auf diverse Faktoren vergleichen. Hier werden Kriterien untersucht wie die Ladezeit von Programmen und Betriebssystem, aber auch in Bezug auf sequentielle Geschwindigkeit und Zugriffszeit werden die beiden Speichertechnologien miteinander verglichen.

Die folgenden Testergebnisse ergeben sich aus dem Mittelwert von 5 Testläufen. Die Tests wurden mit folgendem System durchgeführt:

Mainboard:	Asrock H77 PRO4/MVP Mainboard Sockel 1155
CPU:	Intel i5-3570
Arbeitsspeicher:	2 x 4GB Corsair Vengeance DDR3 1333Mhz
Grafikkarte:	Gigabyte NVIDIA GTX 660 Ti GDDR5 (2GB)
HDD:	Seagate Barracuda Green ST1500DL003 1,5TB
SSD:	OCZ Trion 150 240GB

Tabelle 2: Testsystem (einzelne Komponenten)

Verglichen werden die Technologien hinsichtlich der Geschwindigkeit und Prozessen aus dem Alltag, wie dem Starten des Betriebssystems oder dem Öffnen von Programmen.

4.1 Geschwindigkeitsvergleich

Einen wesentlichen Unterschied der Speichermedien kann man unter dem Gesichtspunkt der Zugriffszeit bzw. der Geschwindigkeit von sequentiellem Lesen und Schreiben erkennen. Mit der Anwendung „AS SSD Benchmark" kann man SSDs bzw. Festplatten auf ihre Geschwindigkeit testen. Hierbei wurde 1GB als Testgröße gewählt und lediglich die sequentielle Geschwindigkeit und die Zugriffszeit betrachtet. Die folgenden Abbildungen (9. & 10.) zeigen Screenshots des Programms nach einem Testlauf (links SSD, rechts HDD)

Abbildung 7: HDD SSD Vergleich Geschwindigkeit (AS SSD Benchmark)

Anhand des Tests lässt sich deutlich erkennen, dass sowohl sequentielles Schreiben, als auch das Lesen bei der SSD etwa um das Fünffache schneller ist. Einen deutlich massiveren Unterschied ist bei Betracht der Zugriffszeit vordergründig beim Schreibvorgang, aber auch beim Lesevorgang zu Gunsten der SSD feststellbar. Die Zugriffszeit ist beim Schreibvorgang des Solid State Drives etwa um den Faktor 220 (bzw. beim Lesevorgang um den Faktor 90) geringer als die der Festplatte.

4.2 Bootvorgang

Ein alltäglicher Vorgang beim Umgang mit einem PC ist der Systemstart. Im folgenden Test wurden fünf aufeinanderfolgende Systemstarts jeweils mit HDD und SSD zeitlich erfasst und anschließend der Mittelwert ermittelt.

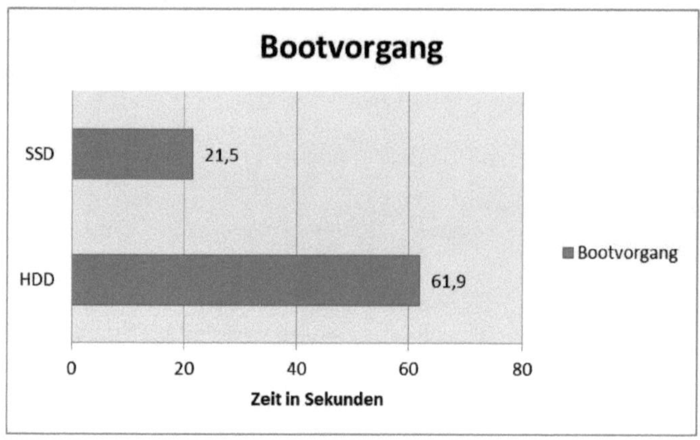

Abbildung 8: Vergleich SSD/HDD Bootvorgang Windows 7

Der Test zeigt, dass die SSD den Computer in deutlich geringerer Zeit hochfährt. Sie benötigt gegenüber der HDD weniger als die Hälfte der Zeit, um das Betriebssystem zu booten. Schon beim ersten "Praxistest" lassen sich deutliche Differenzen zwischen beiden Technologien erkennen.

4.3 Programmstarts (Google Chrome & Adobe Photoshop)

Ein weiterer gängiger Vorgang ist der Startvorgang von diverser Software. Für diesen Test wurden in ihren Systemanforderungen unterschiedliche Programme ausgewählt: Google Chrome und Adobe Photoshop als Anwendung mit deutlich höheren Systemanforderungen.

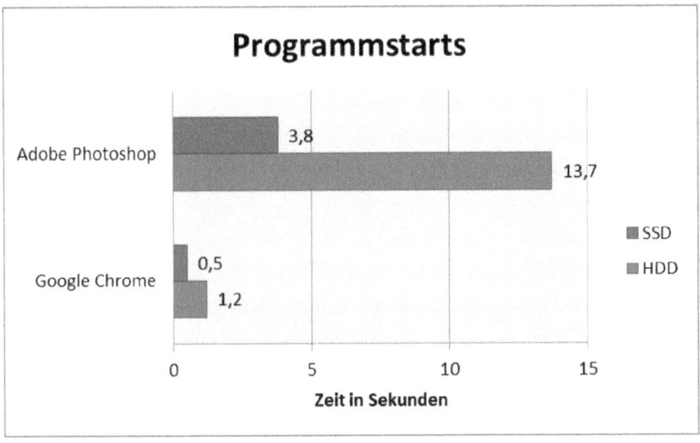

Abbildung 9: Programmstart Photoshop/Google Chrome: HDD vs. SSD

Erneut ist die SSD der HDD in Sachen Performance überlegen. Durchschnittlich benötigt der Festkörperspeicher etwa ein Drittel der Zeit um eine Anwendung zu starten. Auch hier ist ein potentieller Mehrwert der SSD zu erkennen.

5. Fazit

Zusammenfassend lassen deutliche Vorteile der SSD gegenüber der HDD erkennen. Dadurch, dass die SSD keinerlei beweglichen Teile besitzt, ist sie bezüglich Stromverbrauch, Geräusch- und Hitzeentwicklung überlegen. Zusätzlich ist die SSD sehr robust gegen Erschütterungen, was ebenfalls auf den „starren" Speicher zurückzuführen ist. Diese Faktoren machen SSDs zur optimalen Speichertechnologie für den mobilen Einsatz. Einen weiteren deutlichen Vorteil hat die SSD in ihrer Geschwindigkeit; mit einer durchschnittlichen Zugriffszeit von 0,2ms ist dieses Speichermedium über 50-Mal schneller als die herkömmliche magnetische Festplatte. Auch die Schreib- und Lesegeschwindigkeit, sprich die Datentransferrate, ist deutlich höher als die der HDD.

Auf der anderen Seite birgt die SSD auch diverse Nachteile. Dabei ist der höhere Preis pro Gigabyte und die geringere Kapazität zu nennen. Die Kosten belaufen sich hier durchschnittlich auf das 8-Fache im Vergleich zur HDD. Die größte erhältliche SSD besitzt eine Speicherkapazität von 2 Terabyte, während die größte HDD eine Kapazität von 10 Terabyte erzielt. Bei Beobachtung der Entwicklung von Preis und Kapazität lässt sich besonders in den letzten zehn Jahren beobachten, dass sich beide Faktoren stark zum Positiven weiterentwickelt haben. Als Nachteil anzusehen ist zudem die theoretisch geringere Lebensdauer aufgrund der beschränkten Schreibzyklen. Hier ist aber nur ein theoretischer Nachteil zu vermerken, da eine SSD unter Normalnutzung in der Praxis ebenfalls mehrere Jahrzehnte überlebt.

Abschließend ist festzuhalten, dass man für einen höheren Preis pro Gigabyte mit der SSD das deutlich schnellere, energieeffizientere und robustere Speichermedium erwerben kann. Hier muss jeder Nutzer selbst entscheiden, inwieweit für Ihn persönlich die Vorteile einer SSD nötig sind. Für den mobilen Gebrauch ist die SSD aufgrund ihrer Stoßfestigkeit, dem Gewicht und der Energieeffizienz sinnvoll. Meiner Meinung nach ist die SSD in einem Desktop-PC sinnvoll um Betriebssystem und anspruchsvolle Software darauf laufen zu lassen. Zum Abspielen und Speichern von Medien wie Filme, Musik und Bilder, aber auch nicht-anspruchsvolle Programme reicht eine HDD völlig aus. Hier ist eine SSD lediglich ein „Nice-to-Have".

Beide Technologien haben eine beachtliche Entwicklung hinter sich. Man kann nicht prognostizieren, inwiefern die HDD noch weiterentwickelt werden kann und wird. Dennoch lässt sich aufgrund der starken Weiterentwicklung, was Preis und Kapazität bei der SSD anbelangt, vermuten, dass die SSD eine magnetische Festplatte im Privatanwenderbereich vollständig ersetzen könnte und eventuell auch wird.

Anhang

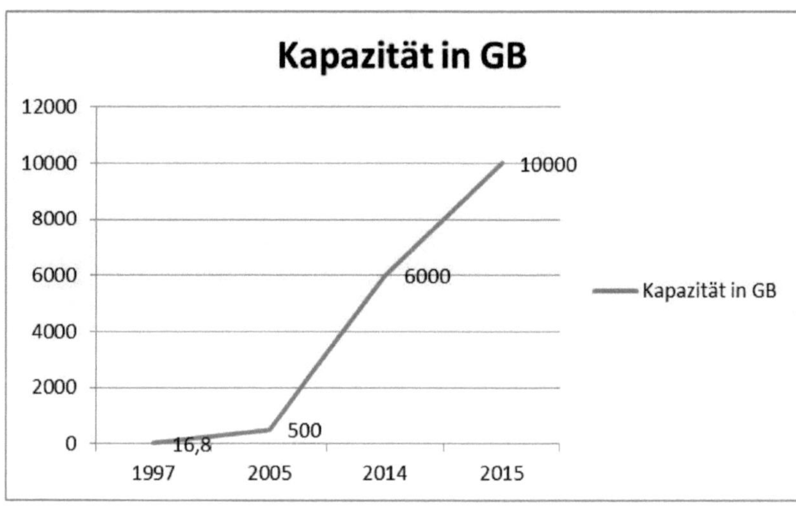

Anhang 1: Entwicklung Kapazität in GB von 1997 bis heute

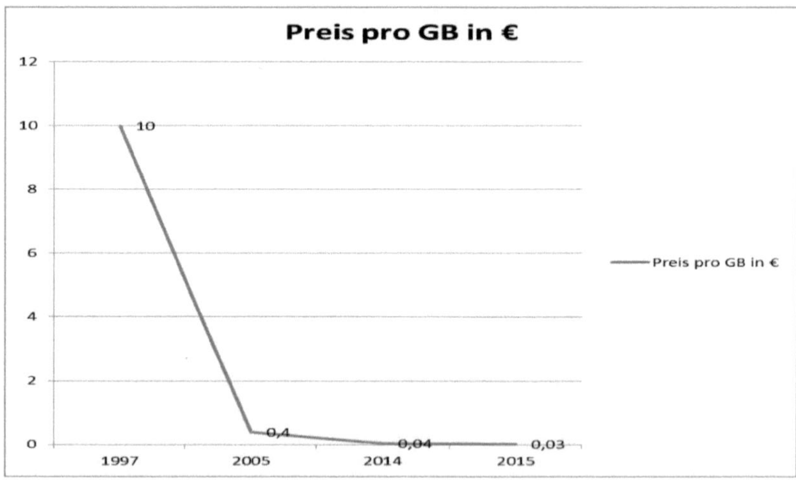

Anhang 2: Entwicklung Preis pro GB in € von 1997 bis heute

Literaturverzeichnis

Alternate Vergleiche SSD: PCIe/SATA. (3. 6 2016). www.alternate.de.

Arpaci-Dusseau, R. H. (2014). *Operating Systems: three Easy Pieces, Chapter : Hard Disk Drives.* Arpaci-Dusseau Books.

Belady Les A., P. R. (1981). The IBN history of memory management technology. Ausgabe 25.

Bernd Becker, R. D. (2005). *Technische Informatik - Eine einführende Darstellung.* Pearson - Verlag.

Chitlow, A. (1953). *Proposal - Random Access File.* San Jose, California: IBM Research and Development Labrotatory.

(1996). *Disk Trend Report - Rigid Disk Drives, Figure 2 - Unit Shipment Summary.*

Fesplatte, F. g. (25. 11 2013). *chip.de.* Abgerufen am 3. 6 2016 von http://www.chip.de/ii/2/1/8/6/0/9/2/3/HGST_Travelstar_7K1000-9cc86e57ca971a76.jpg

IBM User's Guide, Thirteenth Edition. (30. 6 1960). *web.utk.edu.* Abgerufen am 3. 6 2016 von http://web.utk.edu/~mnewman/ibmguide03.html

ibm.com. (kein Datum). Abgerufen am 3. 6 2016 von https://www-03.ibm.com/ibm/history/exhibits/storage/storage_350.html

Kersken, S. (2007). Schreibstrategien und Wear Leveling. In S. Kersken, *IT-Handbuch für Fachinformatiker* (S. 269). München: Pearson.

Labs, L. (18. 6 2015). *heise online.* Abgerufen am 2. 6 2016 von http://www.heise.de/newsticker/meldung/Seagate-4-TByte-Festplatte-in-2-5-Zoll-2716719.html

Labs, L. (9. 6 2015). *heise online.* Abgerufen am 2. 6 2016 von http://www.heise.de/newsticker/meldung/10-TByte-auf-3-5-Zoll-2684914.html

Lynott, G. &. (1970). *Direct Access Magnetic Disc Storage Device.* IBM.

Markus Beckstedde, S. K. (kein Datum). *winfwiki.wi-fom.de.* Abgerufen am 3. 6 2016 von http://winfwiki.wi-fom.de/images/tmp/f1244988901-1370315735.html

Odagiri Hiroyuki, G. A. (2010). Intellectual Property Rights, Development and Catch Up. In *An International Comparative Study* (S. 224-227). Oxford: Oxford University Press.

Paulsen, K. (2011). Moving Media Storage Technologies. Oxford: Elsevier Verlag.

Rent, T. M. (20. 3 2010). *storageview.com.* Abgerufen am 3. 6 2016 von http://www.storagereview.com/origin_solid_state_drives

Rino Micheloni, A. M. (2013). *Inside Soild State Drives (SSDs)*. Heidelberg New York London: 2013.

Schefer, S. (2011). *SSD - Solid State Drive*. Universität Hamburg.

Seguin, S. (4. 3 2009). *www.tomshardware.com*. Abgerufen am 3. 6 2016 von OCZ's New Blazing Fast 1 TB SSD Drive: http://www.tomshardware.com/news/OCZ-Z-Drive-RAID,7181.html

ssd-festplatte-test.net. (kein Datum). Abgerufen am 3. 6 2016 von http://ssd-festplatte-test.net/startseite/attachment/opened-solid-state-drive-closeup/

The IBM 350 RAMAC Disk File. (1984). ASME Award.

Tiziani, F. (2011). *Mass Storage Memory Market Biography*. Heidelberg: Springer-Verlag Berlin.

tu-chemnitz.de. (kein Datum). Abgerufen am 3. 6 2016 von https://www.tu-chemnitz.de/informatik/RA/news/stack/kompendium/vortraege_96/Festplatten/harddisk2.html

Volker Claus, A. S. (2003). *Duden Informatik*. Bibliographisches Institut.

W. Schiffmann, H. B. (2011). *Technische Informatik 3 - Grundlagen der PC-Technologie*. Heidelberg: Springer-Verla